Impressum
Verlag: BABADADA GmbH, Nedderfeld 112 , 22529 Hamburg
Geschäftsführer / Verlagsleitung: Harald Hof
Druck: Books on Demand GmbH, In de Tarpen 42, 22848 Norderstedt

Imprint
Publisher: BABADADA GmbH, Nedderfeld 112 , 22529 Hamburg, Germany
Managing Director / Publishing direction: Harald Hof
Print: Books on Demand GmbH, In de Tarpen 42, 22848 Norderstedt, Germany

教室
učionica

除
dijeliti

186/2

黑板
tabla

校园
školsko dvorište

老师
učitelj, nastavnik

纸
papir

书写
pisati

钢笔
olovka

办公桌
pisaći sto

直尺
lenjir

书
knjiga

学生
učenik

书包

torba

铅笔盒

pernica

铅笔

drvena olovka

卷笔刀

šiljalo za olovke

橡皮擦

gumica

画板

blok za crtanje

图画
crtež

画笔
kist

颜料盒
kutija s bojama

剪刀
makaze

胶水
ljepilo

练习册
vježbanka

家庭作业
domaća zadaća

数字
broj

加
sabirati

减
oduzimati

乘
množiti

计算
računati

字母
slovo

字母表
abeceda

字
riječ

课文

tekst

读

čitati

粉笔

kreda

上课

sat

登记

školski dnevnik

考试

ispit

证书

svjedočanstvo

校服

školska uniforma

教育

izobrazba

百科全书

leksikon

大学

univerzitet

显微镜

mikroskop

地图

karta

废纸筐

korpa za papir

旅店
hotel

Grand

青年旅社
hostel

ROOMS

外币兑换处
mjenjačnica

EXCHANGE

手提箱
kofer

汽车
auto

语言
jezik

是/否
da / ne

好的
okej

您好
zdravo

翻译员
tumač

谢谢
hvala

……多少钱？

Koliko košta...?

我不明白

Ne razumijem

问题

problem

晚上好！

dobro veče!

早上好！

Dobro jutro!

晚安！

Laku noć!

再见

doviđenja

方向

smjer

行李

prtljag

包

torba

双肩包

ruksak

客人

gost

房间

soba

睡袋

vreća za spavanje

帐篷

šator

旅游信息

turističke informacije

海滩

plaža

信用卡

kreditna kartica

早餐

doručak

午餐

ručak

晚餐

večera

票

putna karta

电梯

lift

邮票

poštanska markica

边界

granica

海关

carina

大使馆

ambasada

签证

viza

护照

pasoš

飞机
avion

船
brod

消防车
vatrogasno vozilo

公交车
autobus

卡车
kamion

汽艇
motorni čamac

自行车
biciklo

汽车
auto

摆渡船

trajekt

小船

brod

摩托车

motocikl

警车

policijski automobil

赛车

trkaći automobil

租车

unajmljeni automobil

拼车

kar-šering

拖车

pauk

垃圾车

smećarsko vozilo

发动机

motor

汽油

gorivo

加油站

benzinska pumpa

交通标志

saobraćajni znak

交通

saobraćaj

交通堵塞

zastoj

停车场

parking

火车站

željeznička stanica

轨道

šine

火车

voz

电车

tramvaj

货车

vagon

直升机
helikopter

机场
aerodrom

塔
toranj

乘客
putnik

集装箱
kontejner

纸板箱
karton

手推车
tačke

篮子
korpa

起飞/降落
poletjeti / sletjeti

城市
grad

村庄
selo

市中心
centar grada

房子
kuća

电影院
kino

广告
reklama

路灯
ulična svjetiljka

街道
ulica

出租车
taksi

行人
pješak

小吃店
kiosk

人行道
trotoar

十字路口
raskršće

斑马线
pješački prelaz

垃圾箱
kanta za smeće

红绿灯
semafor

CINEMA

小屋
koliba

公寓
stan

火车站
žcljcznička stanica

市政厅
vjećnica

博物馆
muzej

学校
škola

大学

univerzitet

银行

banka

医院

bolnica

酒店

hotel

药房

apoteka

办公室

ured

书店

knjižara

商店

radnja

花店

cvjećara

超市

supermarket

市场

pijaca

百货商店

robna kuća

鱼店

prodavač ribe

购物中心

trgovački centar

海港

luka

公园

park

长凳

klupa

桥

most

楼梯

stepenice

地铁

podzemna željeznica

隧道

tunel

公交车站

autobuska stanica

酒吧

bar

餐馆

restoran

邮筒

poštanski sandučić

路标

saobraćajni znak

停车计时器

sat za naplatu parkinga

动物园

zološki vrt

游泳馆

bazen

清真寺

džamija

农场

seosko imanje

污染

zagađenje okoline

墓地

groblje

教堂

crkva

操场

igralište

寺庙

hram

地形

krajolik

树叶
list

指示牌
putokaz

路
putokaz

草地
livada

石头
kamen

树
drvo

徒步旅行者
putnik

河
rijeka

草
trava

花
cvijet

峡谷

dolina

山

brdo

湖

jezero

森林

šuma

沙漠

pustinja

火山

vulkan

城堡

dvorac

彩虹

duga

蘑菇

gljiva

棕榈树

palma

蚊子

komarac

苍蝇

muha

蚂蚁

mrav

蜜蜂

pčela

蜘蛛

pauk

甲虫
buba

青蛙
žaba

松鼠
vjeverica

刺猬
jež

野兔
zec

猫头鹰
sova

鸟
ptica

天鹅
labud

野猪
divlja svinja

鹿
jelen

麋鹿
los

水坝
brana

风力发电机
vjetrenjača

太阳能电池板
solarni modul

气候
klima

服务员
konobar

菜单
jelovnik

椅子
stolica

汤
supa

披萨饼
pica

桌布
stolnjak

餐具
pribor za jelo

前菜
predjelo

主菜
glavno jelo

甜点
desert

饮料
piće

食物
jelo

瓶子
flaša

快餐
brza hrana

街边小吃
jelo sa ulice

茶壶
čajnik

糖盒
šećernica

一份饭菜
porcija

意式咖啡机
mašina za espreso

高脚椅
barska stolica

账单
račun

托盘
tacna

刀
nož

餐叉
viljuška

勺子
kašika

茶匙
kašičica

餐巾
salveta

玻璃杯
čaša

碟子

tanjir

汤盘

tanjir za supu

碟子

tanjurić

酱

sos

盐瓶

solanik

胡椒磨

mlin za biber

醋

sirće

食用油

ulje

调味料

začini

番茄酱

kečap

芥末

senf

蛋黄酱

majoneza

特价
ponuda

顾客
klijent

乳制品
mliječni proizvodi

水果
voće

购物车
kolica za kupovinu

肉铺

mesnica- klaonica

面包房

pekara

称重

vagati

蔬菜

povrće

肉

meso

冷冻食品

zaleđena hrana

冷盘
narezak

罐头食品
konzerve

洗衣粉
prašak za veš

甜食
slatkiši

日用品
kućanski proizvodi

清洁用品
sredstvo za čišćenje

销售员
prodavačica

收银机
kasa

收银员
blagajnik

购物清单
lista za kupovinu

开放时间
radno vrijeme

钱包
novčanik

信用卡
kreditna kartica

袋子
torba

塑料袋
najlonska vrećica

超市 - supermarket

水

voda

果汁

sok

牛奶

mlijeko

可乐

kola

红酒

vino

啤酒

pivo

酒

alkohol

可可

kakao

茶

čaj

咖啡

kafa

意式浓缩咖啡

espreso

卡布奇诺

kapućino

香蕉

banana

苹果

jabuka

橙子

narandža

西瓜

lubenica

柠檬

limun

胡萝卜

mrkva

大蒜

bijeli luk

竹子

bambus

洋葱

crveni luk

蘑菇

gljiva

坚果

orašasti plodovi

面条

pasta

意大利面条

špagete

米饭

riža

沙拉

salata

薯条

pomfrit

炸土豆

pečeni krompir

披萨饼

pica

汉堡包

hamburger

三明治

sendvič

炸猪排

šnicla

火腿

šunka

萨拉米

kobasica

香肠

kobasica

鸡肉

kokoš

烤肉

pečenje

鱼

riba

燕麦片

zobene pahuljice

穆兹利

muzli

玉米片

kornfleks

面粉

brašno

羊角面包

kroason

面包卷

zemičke

面包

kruh

烤面包

tost

饼干

keksi

黄油

maslac

凝乳

svježi sir

蛋糕

kolač

蛋

jaje

煎蛋

jaje na oko

奶酪

sir

冰激凌

sladoled

糖

šećer

蜂蜜

med

果酱

marmelada

巧克力酱

nugat krema

咖喱饭

kuri

农舍
▶ seoska kuća

粮仓
▶ sjenik

稻草捆
bale sjena

田野
polje

马
▶ konj

拖车
prikolica

马驹
▶ ždrijebe

拖拉机
traktor

驴
magarac

羔羊
jagnje

羊
ovca

山羊

koza

奶牛

krava

牛犊

tele

猪

svinja

小猪

prase

公牛

bik

鹅

guska

鸭

patka

小鸡

pile

母鸡

kokoška

公鸡

pjetao

鼠

pacov

猫

mačka

老鼠

miš

牛

vol

狗

pas

狗屋

pseća kućica

花园浇水软管

crijevo za baštu

洒水壶

kanta za zalijevanje

长柄大镰刀

kosa

犁

plug

镰刀

srp

锄头

motika

长柄草耙

vile

斧头

sjekira

独轮手推车

tačke

饲料槽

korito

牛奶罐

bokal za mlijeko

麻布袋

vreća

栅栏

ograda

马厩

štala

温室

staklenik

土壤

tlo

种子

sjeme

肥料

đubrivo

联合收割机

kombajn

收割

kositi

收割

žetva

山药

jam korijen

小麦

pšenica

大豆

soja

土豆

krompir

玉米

kukuruz

油菜籽

uljana repica

果树

drvo voća

树薯

manioka

谷物

žito

烟囱
dimnjak

屋顶
krov

落水管
oluk

窗户
prozor

车库
garaža

门铃
zvono

门
vrata

垃圾桶
kanta za smeće

信箱
poštanski sandučić

花园
bašta

客厅

dnevni boravak

浴室

kupatilo

厨房

kuhinja

卧室

spavaća soba

儿童房

dječija soba

餐厅

trpezarija

地板
pod, tlo

墙壁
zid

吊顶
plafon

地窖
podrum

桑拿
sauna

阳台
balkon

露台
terasa

游泳池
bazen

割草机
kosilica

被单
posteljina

床罩
pokrivač

床
krevet

扫帚
metla

水桶
kanta

开关
prekidač

壁纸
tapeta

照片
fotografija

台灯
lampa

搁架
polica

橱柜
ormar

壁炉
dimnjak

电视机
televizija

花
cvijet

垫子
jastuk

沙发
kauč

花瓶
vaza

遥控器
daljinski upravljač

地毯

tepih

窗帘

zavjesa

餐桌

stol

椅子

stolica

摇椅

stolica za ljuljanje

扶手椅

fotelja

书

knjiga

毯子

deka

装饰品

dekoracija

木柴

ložno drvo

电影

film

高保真音响

stereo uređaj

钥匙

ključ

报纸

novine

油画

umjetnička slika

海报

poster

收音机

radio

笔记本

blok za bilješke

吸尘器

usisavač

仙人掌

kaktus

蜡烛

svijeća

冰箱
hladnjak

微波炉
mikrovalna pećnica

厨房秤
kuhinjska vaga

烤面包机
toster

洗洁精
sredstvo za čišćenje

冰柜
zamrzivač

烤箱
rerna

垃圾桶
kanta za smeće

洗碗机
mašina za suđe, perilica

炊具

peć

锅

lonac

铸铁锅

metalni lonac

炒锅

vok / kadai

平底锅

tava, tiganj

水壶

kuhalo

蒸锅

aparat za kuhanje na pari

烤盘

lim za pečenje

陶瓷锅

posuđe

马克杯

šalica

碗

činija

筷子

kineski štapići

长柄勺

kutlača

铲子

lopatica

搅拌器

metlica za snijeg bjelanjca

滤网

sito za kuhanje

筛子

sito

磨碎机

ribež

研钵

avan s tučkom

烧烤

roštilj

明火

ložište

菜板

daska

擀面杖

oklagija

开瓶器

vadičep

罐子

konzerva

开罐器

otvarač za konzerve

隔热手套

krpe za lonac

水槽

sudoper

刷子

četka

海绵

spužva

搅拌机

mikser

冷藏箱

zamrzivač

奶瓶

flašica za bebu

水龙头

slavina

淋浴
tuš

供暖设备
grijanje

毛巾
peškir

浴帘
zavjesa za tuš

泡沫浴
pjenušava kupka

浴缸
kada

洗衣机
mašina za veš

玻璃杯
čaša

瓷砖
pločice

水龙头
slavina

便壶
dječja kahlica

水槽
sudoper

厕所
toalet

蹲便器
čučavac

坐浴器
bide

小便池
pisoar

厕纸
toalet papir

马桶刷
četka za wc

牙刷
četkica za zube

牙膏
pasta za zube

牙线
zubni konac

洗
prati

手持式喷淋头
tuš

冲洗器
intimni tuš

洗脸盆
lavor

擦背刷
četka za leđa

肥皂
sapun

沐浴露
gel za tuširanje

洗发水
šampon

法兰绒
krpe za pranje

排水
odvod

乳霜
krema

除臭剂
dezodorans

镜子

ogledalo

手镜

ogledalo za šminkanje

剃须刀

brijač

剃须泡沫

pjena za brijanje

须后水

vodica poslije brijanja

梳子

češalj

刷子

četka

吹风机

fen

喷发定型剂

sprej za kosu

化妆品

puder

唇膏

karmin

指甲油

lak za nokte

化妆棉

vata

指甲剪

makazice za nokte

香水

parfem

洗漱包

kozmetička torbica

凳子

hoklica

计重秤

vaga

浴袍

kupaći ogrtač

橡胶手套

rukavice za čišćenje

卫生棉条

tampon

卫生巾

uložak za dame

化学厕所

hemijski toalet

闹钟
budilnik

毛绒玩具
plišana igračka

玩具车
auto za igru

玩具屋
kućica za lutke

礼物
poklon

拨浪鼓
zvečka

气球
balon

床
krevet

（洋娃娃用）婴儿车
kolica za djecu

扑克牌
karte za igranje

拼图
puzle

漫画
strip

乐高积木

lego kockice

积木玩具

kockice za gradnju

玩具人

akcione figure

婴儿服

benkica

飞盘

frizbi

床铃玩具

mobile

棋盘游戏

igra na ploči

骰子

kocka

火车模型

miniatura željeznice

安抚奶嘴

cucla

聚会

zabava

绘本

slikovnica

球

lopta

洋娃娃

lutka

玩

igrati

沙坑

pješćanik

秋千

ljuljačka

玩具

igračke

游戏机

konzola za igru

三轮车

triciklo

泰迪熊

medvjedić

衣柜

ormar

衣服

odjeća

袜子

kratke čarape

长袜

čarape

紧身裤

hulahopke

围巾
šal

皮带
kaiš

雨伞
kišobran

T恤
majica kratkih rukava

靴子
čizme

拖鞋
papuče

运动鞋
patike

凉鞋
sandale

鞋
cipele

雨靴
gumene čizme

内裤
gaće

胸罩
grudnjak

背心
potkošulja

衣服 - odjeća

45

身体
bodi

裤子
hlače

牛仔裤
farmerke

短裙
suknja

女式衬衫
bluza

衬衫
košulja

套头衫
džemper

卫衣
majica

西装夹克
sako

夹克
jakna

外套
mantil

雨衣
kišni mantil

套装
kostim

连衣裙
haljina

婚纱
vjenčanica

西装
odijelo

睡袍
spavaćica

睡衣
pidžama

莎丽
sari

头巾
marama

包头巾
turban

波卡
burka

卡夫坦
kaftan

(阿拉伯式)长袍
abaja

泳衣
kupaći kostim

男式泳裤
kupaće gaće

短裤
kratke hlače

运动服
trenerka

围裙
pregača

手套
rukavice

纽扣

dugme

眼镜

naočare

手链

narukvica

项链

ogrlica

戒指

prsten

耳环

naušnica

便帽

kapa

衣架

vješalica

帽子

šešir

领带

kravata

拉链

patentni zatvarač

头盔

kaciga

背带

tregeri za hlače

校服

školska uniforma

制服

uniforma

围兜
podbradak

安抚奶嘴
cucla

尿不湿
pelene

办公室
ured

纸
papir

文件柜
ormar za kartoteku

打印机
štampač

服务器
server

显示屏
monitor

办公桌
pisaći sto

鼠标
miš

文件夹
registrator

键盘
tastatura

废纸筐
korpa za papir

电脑
kompjuter

椅子
stolica

咖啡杯
šolja za kafu

计算器
kalkulator

因特网
internet

笔记本电脑

laptop

信件

pismo

消息

poruka

手机

mobilni telefon

网络

mreža

复印机

aparat za kopiranje

软件

softver

电话

telefon

插座

utičnica

传真机

faks

表格

formular

文件

dokument

买

kupovati

付钱

platiti

交易

trgovati

现金

novac

美元

dolar

欧元

euro

日元

jen

卢布

rublja

瑞士法郎

franak

人民币

renminbi jen

卢比

rupi

提款处

bankomat

外币兑换处

mjenjačnica

金

zlato

银

srebro

石油

nafta

能源

energija

价格

cijena

合同

ugovor

税金

porez

股票

akcija

工作

raditi

职员

službenik

老板

poslodavac

工厂

fabrika

商店

radnja

警官
policajac

消防员
vatrogasac

厨师
kuhar

医生
ljekar

飞行员
pilot

园丁

baštovan

木匠

stolar

裁缝

krojačica

法官

sudija

化学家

hemičar

演员

glumac

公交车司机

vozač autobusa

出租车司机

vozač taksija

渔夫

ribar

清洁女工

čistačica

屋顶工

krovopokrivač

服务员

konobar

猎人

lovac

画家

moler

面包师

pekar

电工

električar

建筑工人

građevinski radnik

工程师

inženjer

屠夫

koljač

水管工

limar, vodoinstalater

邮递员

poštar

士兵

vojnik

建筑师

arhitekta

收银员

blagajnik

花农

cvjećar

理发师

frizer

售票员

kontrolor

机械师

mehaničar

船长

kapiten

牙医

zubar

科学家

naučnik

拉比

rabin

伊玛目

imam

和尚

monah

牧师

sveštenik

铁锤
čekić

钳子
kliješta

螺丝刀
izvijač

手电筒
džepna lampa

扳手
vijčani ključ

挖掘机

bager

工具箱

kutija sa alatom

梯子

ljestve

锯子

testera, pila

钉子

ekser

钻机

bušilica

修
popraviti

铲子
lopata

靠！
sranje!

簸箕
lopatica

油漆桶
kanta boje

螺丝
vijak

乐器
muzički instrumenti

打击乐器
bubnjevi

扬声器
zvučnik

低音提琴
kontrabas

小号
truba

吉他
gitara

钢琴

klavir

小提琴

violina

贝斯

bas

定音鼓

bubanj timpani

鼓

bubanj

电子琴

sintisajzer

萨克斯管

saksofon

长笛

flauta

麦克风

mikrofon

老虎
tigar

入口
ulaz

笼子
kavez

斑马
zebra

动物饲料
hrana za životinje

熊猫
panda

动物
životinje

大象
slon

袋鼠
kengur

犀牛
nosorog

大猩猩
gorila

熊
medvjed

骆驼

kamila

蛇鸟

noj

狮子

lav

猴子

majmun

火烈鸟

flamingo

鹦鹉

papagaj

北极熊

polarni medvjed

企鹅

pingvin

鲨鱼

morski pas

孔雀

paun

蛇

zmija

鳄鱼

krokodil

动物园管理员

čuvar u zološkom vrtu

海豹

tuljan

美洲豹

jaguar

矮种马
poni

豹
leopard

河马
nilski konj

长颈鹿
žirafa

老鹰
orao

野猪
divlja svinja

鱼
riba

龟
kornjača

海象
morž

狐狸
lisica

羚羊
gazela

橄榄球
američki fudbal

骑自行车
vožnja bicikla

网球
tenis

篮球
košarka

游泳
plivanje

拳击
boks

冰球
hokej na ledu

英式足球
fudbal

羽毛球
bedminton

田径
laka atletika

手球
rukomet

滑雪
skijanje

马球
polo

跳 skakati

拥抱 zagrliti

笑 smijati se

走路 ići

唱 pjevati

做梦 sanjati

祈祷 moliti

亲吻 ljubiti

书写
pisati

画
crtati

展示
pokazati

推
gurati

给
dati

拿
uzeti

有
imati

做
raditi

当
biti

站
stajati

跑
trčati

拉
vući

扔
baciti

摔倒
pasti

躺
ležati

等待
čekati

携带
nositi

坐
sjediti

穿衣
obući

睡觉
spavati

醒来
probuditi

看
pogledati

哭
plakati

抚摸
milovati

梳头
češljati

交谈
govoriti

明白
razumjeti

问
pitati

听
slušati

喝
piti

吃
jesti

清理
pospremiti

爱
voljeti

做饭
kuhati

开车
voziti

飞
letjeti

航行

jedriti

计算

računati

读

čitati

学习

učiti

工作

raditi

结婚

vjenčavti

缝

šiti

刷牙

prati zube

杀

ubiti

抽烟

pušiti

寄

slati

porodica

祖母
baka

祖父
djed

父亲
otac

母亲
majka

婴童
beba

女儿
kćerka

儿子
sin

客人
gost

阿姨
ujna, tetka, strina

叔叔
ujak, tetak, stric

兄弟
brat

姐妹
sestra

前额
čelo

眼睛
oko

脸
lice

下巴
brada

乳房
grudi

手指
prst

手
ruka, šaka

手臂
ruka

肩膀
leđa

腿
noga

婴童
beba

男人
muškarac

女人
žena

女孩
djevojčica

男孩
dječak

头
glava

背部

leđa

肚子

stomak

肚脐

pupak

脚趾

nožni prst

脚后跟

peta

骨头

kosti

臀部

kuk

膝盖

koljeno

手肘

lakat

鼻子

nos

屁股

stražnjica

皮肤

koža

脸颊

obraz

耳朵

uho

嘴唇

usna

嘴
usta

牙齿
zub

舌头
jezik

脑
mozak

心脏
srce

肌肉
mišić

肺
pluća

肝脏
jetra

胃
želudac

肾脏
bubreg

性交
spolni odnos

避孕套
kondom

卵子
jajna ćelija

精子
sperma

怀孕
trudnoća

月经

menstruacija

阴道

vagina

阴茎

penis

眉毛

obrva

头发

kosa

脖子

vrat

医院
bolnica

救护车
bolníčko vozilo

轮椅
invalidska kolica

骨折
lom

医生
ljekar

急诊室
hitna služba

护士
medicinska sestra

紧急情况
hitna pomoć

昏迷
nesvjest

痛
bol

受伤

povreda

出血

krvarenje

心脏病发作

srčani udar, infarkt

中风

moždani udar

过敏

alergija

咳嗽

kašalj

发烧

groznica

流感

gripa

腹泻

proljev

头痛

glavobolja

癌症

rak

糖尿病

dijabetes

外科医生

hirurg

手术刀

skalpel

手术

operacija

CT
CT

X光
rendgen

超声波
ultrazvuk

口罩
maska

疾病
bolest

候诊室
čekaonica

拐杖
štake

石膏
flaster

绷带
zavoj

注射
injekcija

听诊器
stetoskop

担架
nosilo

体温计
termometar

出生
porod

超重
prekomjerna težina, debljina

助听器

slušni aparat

消毒液

sredstvo za dezinfekciju

感染

infekcija

病毒

virus

艾滋病

HIV/ AIDS

药物

medicina

接种疫苗

vakcinacija

药片

tablete

药丸

pilula

急救电话

hitni poziv

血压计

aparat za mjerenje pritiska

生病/健康

bolestan / zdrav

救命！

Upomoć!

警报

alarm

突击

napad, prepad

攻击

napad

危险

opasnost

紧急出口

izlaz u slučaju opasnosti

着火啦！

Požar!

灭火器

vatrogasni aparat

意外

nezgoda

急救箱

torba prve pomoći

呼救信号

SOS

警察

policija

欧洲

Europa

北美洲

Sjeverna Amerika

南美洲

Južna Amerika

非洲

Afrika

亚洲

Azija

澳洲

Australija

大西洋

Atlantik

太平洋

Pacifik

印度洋

Indijski okean

南冰洋

Antarktički okean

北冰洋

Arktički okean

北极

Sjeverni pol

南极

Južni pol

南极洲

Antarktik

地球

Zemlja

陆地

zemlja

海

more

岛

ostrvo

国家

nacija

国家

država

钟面

brojčanik sata

时针

kazaljka sata

分针

kazaljka minute

秒针

kazaljka sekunde

现在几点？

Koliko je sati?

天

dan

时间

vrijeme

现在

sada

电子表

digitalni sat

分

minuta

时

sat

周

sedmica, nedjelja

周一 ponedjeljak
周三 srijeda
周五 petak
周二 utorak
周四 četvrtak
周六 subota
周日 nedjelja

昨天

juče

今天

danas

明天

sutra

早晨

jutro

中午

podne

晚上

veče

MO	TU	WE	TH	FR	SA	SU
1	2	3	4	5	6	7
8	9	10	11	12	13	14
15	16	17	18	19	20	21
22	23	24	25	26	27	28
29	30	31	1	2	3	4

工作日

radni dani

MO	TU	WE	TH	FR	SA	SU
1	2	3	4	5	6	7
8	9	10	11	12	13	14
15	16	17	18	19	20	21
22	23	24	25	26	27	28
29	30	31	1	2	3	4

周末

vikend

雨
▶ kiša

彩虹
▶ duga

风
▶ vjetar

雪
▶ snijeg

春
proljeće

夏
ljeto

秋
▶ jesen

冬
zima

天气预报

prognoza vremena

温度计

termometar

阳光

sunčev sjaj

云

oblak

雾

magla

潮湿

vlažnost vazduha

闪电

munja

打雷

grom

风暴

oluja

冰雹

tuča, led

季风

monsun

洪水

poplava

冰

led

一月

januar

二月

februar

三月

mart

四月

april

五月

maj

六月

juni

七月

juli

八月

avgust

九月
septembar

十月
oktobar

十一月
novembar

十二月
decembar

形状
oblici

圆形
krug

正方形
kvadrat

长方形
pravougao

三角形
trougao

球体
kugla

立方体
kocka

白
....
bjel

黄
....
žut

橙
....
narandžast

粉
....
pink

红
....
crven

紫
....
ljubičast

蓝
....
plav

绿
....
zelen

棕
....
smeđ

灰
....
siv

黑
....
crn

很多/少许

malo / mnogo

生气/平静

ljutit / miran

美/丑

lijep / ružan

首/尾

početak / kraj

大/小

veliki / mali

明/暗

svijetlo / tamno

兄弟/姐妹

brat / sestra

干净/肮脏

čist / prljav

完整/缺失

potpun / nepotpun

白天/晚上

dan / noć

死/生

mrtav / živ

宽/窄

široko / usko

可食用/非食用

ukusno / neukusno

邪恶/善良

zao / prijatan

兴奋/无聊

uzbuđen / dosadan

胖/瘦

debeo / mršav

第一/最后

najprije / najkasnije

朋友/敌人

prijatelj / neprijatelj

满/空

pun / prazan

硬/软

trvd / mekan

重/轻

težak / lagan

饿/渴

glad / žeđ

生病/健康

bolestan / zdrav

非法/合法

ilegalan / legalan

聪明/愚笨

inteligentan / glup

左/右

lijevo / desno

近/远

blizu / daleko

新/旧

nov / polovan

没有/有些

ništa / nešto

老/幼

star / mlad

开/关

uključeno / isključeno

打开/合上

otvoreno / zatvoreno

安静/吵闹

tiho / glasno

富/穷

bogat / siromašan

对/错

tačno / pogrešno

粗糙/光滑

hrapav / glatak

伤心/高兴

tužan / srećan

短/长

kratak / dug

慢/快

spor / brz

湿/干

mokro / suho

温暖/凉爽

toplo / hladno

战争/和平

rat / mir

0

零

nula

1

一

jedan

2

二

dva

3

三

tri

4

四

četiri

5

五

pet

6

六

šest

7

七

sedam

8

八

osam

9

九

devet

10

十

deset

11

十一

jedanaest

12

十二
....
dvanaest

13

十三
....
trinaest

14

十四
....
četrnaest

15

十五
....
petnaest

16

十六
....
šesnaest

17

十七
....
sedamnaest

18

十八
....
osamnaest

19

十九
....
devetnaest

20

二十
....
dvadeset

100

百
....
sto

1.000

千
....
hiljada

1.000.000

百万
....
milion

英语

engleski

美式英语

američki engleski

普通话

kinesko mandarinski

印地语

hindi

西班牙语

španski

法语

francuski

阿拉伯语

arapski

俄语

ruski

葡萄牙语

portugalski

孟加拉语

bengalski

德语

njemački

日语

japanski

我

ja

你

ti

他/她/它

on / ona / ono

我们

mi

你们

vi

他们

oni

谁？

ko?

什么？

šta?

怎样？

kako?

哪里？

gdje?

什么时候？

kada?

名字

ime

后面

iza

里面

u

前面

pred

上方

iznad

上面

na

下面

ispod

旁边

pored

中间

između

地点

mjesto